St.G ..
D1917450

EDITION MOTIVE

Ich liebe dich über alle Maßen

Jesus-Meditationen

Nach einem Text von Rudolf Erhard
neu bearbeitet und herausgegeben
von Georg Popp

Mit Farbfotos von Patrice G. Delau

Quell Verlag Stuttgart

ISBN 3-7918-2610-7

© Quell Verlag Stuttgart 1988
Printed in Germany · Alle Rechte vorbehalten
1. Auflage 1988
Einbandgestaltung: Heinz Simon, Quell Verlag Stuttgart
Einbandfoto: Patrice G. Delau
Satz: Quell Verlag Stuttgart
Druck: Emil Daiber GmbH, Hemmingen

Jesus lädt dich ein:

Nimm sie an, meine Liebe,
sie ist alles, was du brauchst:

Wenn du hungerst,
wird sie dich sättigen.

Wenn du leidest,
wird sie dich stärken.

Wenn du krank bist,
wird sie dich heil machen.

Wenn du meiner Liebe Einlaß gewährst,
wird sie dir helfen, deine Einsamkeit zu ertragen
und deine Nöte zu lindern.

Nimm sie an, meine Liebe.
Sie ist alles, was du brauchst!

In einem einsamen Stall
bin ich zur Welt gekommen.

Als hilfloses Kind lag ich im Stroh.
Kalt und zugig war mein erstes Zuhause.

Meine Eltern mußten mit mir nach Ägypten fliehen.
Der König wollte mich umbringen lassen . . .

Dreißig Jahre habe ich nur zugehört.
War ich gehorsam meinen Eltern.

Weil ich dein Leben teilen,
weil ich Mensch sein wollte wie du.

Weil ich dich liebe – über alle Maßen.

In der Einsamkeit der Wüste
war ich für dich vierzig lange Tage.

In der Hitze ihrer Sonne
und in der Kälte ihrer Nächte
habe ich ausgehalten.
Ohne Nahrung und ohne die Nähe eines anderen.

Satan wollte mich verführen.
Verlockende Dinge bot er mir an:
Brot für meinen hungrigen Leib;
Schutz und Begleitung,
Macht und Herrlichkeit,
die mir damals nicht zustanden.

Weil ich deine Einsamkeit teilen
und deine Not lindern wollte,
habe ich widerstanden.

Weil ich dir zu Hilfe kommen wollte.

Weil ich dich liebe - über alle Maßen.

Heimatlos
bin ich durch mein Land gezogen.
In meiner Vaterstadt haben sie mich nicht geachtet.
Unterwegs als Nazarener verspottet.

Die Füchse haben ihren Bau,
die Vögel ihre Nester.
Ich wußte oft nicht,
wo ich mich ausruhen und hinlegen sollte,
woher ich Essen oder Kleidung bekam.

Weil ich deine Armut teilen
und dir in deiner Ratlosigkeit nahe sein wollte.

Weil ich dich liebe - über alle Maßen.

Blut geschwitzt
habe ich am Ölberg, als der Vater mich rief.
Die schlimmsten Ängste kamen über mich.

Meine Jünger hatten mich allein gelassen.
Eingeschlafen waren sie.
Nicht einmal im Gebet war einer für mich da.

Der schreckliche Tod stand mir vor Augen.

Ich bin nicht davongelaufen.

Weil ich auch deine Ängste mittragen
und dich in deiner Verlassenheit
nie allein lassen wollte.

Weil ich dich liebe - über alle Maßen.

Angespuckt und ausgelacht
haben sie mich,
gepeinigt und verhört wie einen Verbrecher.

Sie haben mir ins Gesicht geschlagen
und meinen Körper blutig gepeitscht.

Mit einer Dornenkrone
haben sie mich gequält und verhöhnt.

Still, ohne Widerrede
habe ich alles ertragen.

Weil ich in deinem Leid
dir zum Bruder werden wollte.

Weil ich dich liebe - über alle Maßen.

Von der Hitze der Sonne geplagt
und den blutigen Wunden geschwächt,
habe ich den Balken des Kreuzes auf mich geladen.

Dreimal bin ich zusammengebrochen.

Dreimal konnte ich nicht mehr.

Ich habe mich weitergeschleppt.
Bis zum Hinrichtungsplatz.
Golgota.

Weil ich dir ein Zeichen geben,
weil ich deine Aussichtslosigkeit teilen wollte.

Weil ich dich liebe - über alle Maßen.

Schwere Nägel
haben sie in meine Gelenke geschlagen.
Meine Arme
und meine Beine durchbohrt.

Stundenlang
bin ich am Kreuz gehangen.

Selbst meinen Vater
konnte ich nicht mehr erkennen.

Hilflos.
Geschändet.
Ausgestoßen wie der größte Verbrecher
ertrug ich meine Pein.

Weil ich auch dich erlösen,
weil ich auch dich mit dem Vater versöhnen wollte.

Weil ich dich liebe - über alle Maßen.

**Hohn und Spott,
Peitschenschläge und Dornenkrönung,
Kreuzweg und Kreuzigung –
die schlimmsten Schmerzen
und die tiefste Verlassenheit ...**

All das habe ich auf mich genommen.

Weil ich dich nie mehr allein lassen wollte.

Weil ich jeden Weg mit dir gehen möchte.

Weil ich auch dir zum Heiland werden will.

Weil ich dich liebe - über alle Maßen.

Nimm sie an, meine Liebe,
sie ist alles, was du brauchst:

Wenn du hungerst,
wird sie dich sättigen.

Wenn du leidest,
wird sie dich stärken.

Wenn du krank bist,
wird sie dich heil machen.

Wenn du meiner Liebe Einlaß gewährst,
wird sie dir helfen, deine Einsamkeit zu ertragen
und deine Nöte zu lindern.

Nimm sie an, meine Liebe.
Sie ist alles, was du brauchst!

Meine Liebe ist die Antwort
auf alle deine Fragen.
Sie ist dein Gefährte zu allen Zeiten.

Wenn du Angst hast,
wird sie dir Mut machen.

Wenn du nicht weißt,
wie du dich entscheiden sollst,
wird sie dir Antwort geben.

Wenn du meiner Liebe Einlaß gewährst,
wird sie dich führen.
Auch in deinen Dunkelheiten
wirst du nie mehr allein sein.

Nimm sie an, meine Liebe.
Sie ist alles, was du brauchst!

Meine Liebe ist die Kraft
in jeder Schwachheit.
Sie ist dein Schutz in jeder Gefahr.

Wenn du meiner Liebe Einlaß gewährst,
wirst du meine Stimme hören
und meine Nähe spüren.

Du wirst eine neue Kraft erfahren
und nie mehr traurig sein.

Du wirst mächtiger sein als alle,
die mich nicht lieben.

Nimm sie an, meine Liebe.
Sie ist alles, was du brauchst!

Was immer du auch tun magst,
ich liebe dich!

Ob du zu mir kommst oder von mir wegläufst,
ob du zu mir stehst oder dich von mir abwendest:
ich liebe dich!

Wenn du allein bist, komme ich zu dir.

Wenn du traurig bist, tröste ich dich.

Wenn du in Not bist, stehe ich dir bei.

Wenn du schuldig wirst, verzeihe ich dir.

Was immer du auch tun magst,
ich bin für dich da.

Denn ich liebe dich über alle Maßen.

Ich liebe dich so, wie du bist.
Ich will dich nicht kritisieren
und ich werde dich nie verurteilen.

Für meine Liebe verlange ich nichts von dir.
Ich stelle dir auch keine Bedingungen.

Ich befehle dir nichts
und zwinge dir nichts auf.

Auch wenn ich miterleben muß,
wie du leidest, weil du nicht
meinen Weg gehen wolltest.

Ich liebe dich so, wie du bist.

Denn ich liebe dich über alle Maßen.

Ich dränge dich nicht.
Ich habe Geduld.

Ich warte, bis du mein Angebot annimmst.

Wieviel Unheil habe ich von dir
schon abgehalten.

Wieviel Unheil konnte ich nicht fernhalten,
weil du auf meine Stimme
nicht gehört hast.

Aber ich respektiere deine Freiheit.

Ich warte, bis du dich meiner Liebe öffnest.

Ich vertraue deinem Herzen
und gebe dich niemals auf.

Denn ich liebe dich über alle Maßen.

Ich kenne dich besser
als jeder andere.
Besser, als du dich selbst kennst.

Deshalb bitte ich dich auch:
Laß alles Grübeln.
Nimm dich an, wie du bist.

Laß keine unnötigen Sorgen
und keinen Kummer in dir.

Gib mir deine Zweifel und deine Probleme.

Ich werde dir deine Fragen beantworten
und dein Leben hell und verständig machen.

Niemand kann dir klarer Antwort geben.

Niemand liebt dich mehr als ich.

Gib mir deine Schuld.

Ich will nicht, daß du weiterhin leidest
an deinem Versagen und deiner Boshaftigkeit.
An der Last deiner Fehltritte und Missetaten.

Komm doch zu mir.

Ich will dir deine Schuld abnehmen
und dir deine Fehler und Sünden vergeben.

Schau doch auf mein Kreuz, auf all meine Pein,
die ich für dich getragen habe.

Gib mir deine Schuld,
damit ich deine Sünden tilgen kann für immer.

Niemand liebt dich mehr als ich.

Gib mir alles, was dich bedrückt.

Gib mir alle deine Depressionen
und alle deine Schwächen.
Deine Behinderungen und deine Krankheiten.

Ich habe das Leid der ganzen Welt
auf mich genommen,
um auch dich zu erlösen.

Öffne dich doch meiner Liebe,
damit ich auch dir helfen kann,
deine Behinderungen anzunehmen
und deine Schmerzen zu ertragen.

Setze dein ganzes Vertrauen auf mich.

Ich kann auch dich wieder heil und froh machen,
so krank und traurig du sein magst.

Niemand liebt dich mehr als ich.

Komm doch zu mir.
Ich will dir Freude schenken.

Was immer dich auch bedrückt,
ich will dir deine Last abnehmen.

Was immer dich auch belastet,
ich will dein Herz wieder frei und froh machen.

In meiner Liebe findest du
Geborgenheit, Freude und Glück.

Wenn du wüßtest, wie sehr ich dich liebe.

Erwarte alles von mir.
Ich will dir neues Leben schenken.

Quellen lebendigen Wassers werden
aus deinem Inneren strömen.

Der Heilige Geist, den ich dir sende,
wird dich verändern.
Dein Denken und Handeln,
deine Beziehungen zu den Menschen,
deine Einstellung zum Beruf.

In meiner Liebe wirst du
reiche Frucht bringen,
und an deiner Freude
wird dir nichts mehr fehlen.

Wenn du wüßtest, wie sehr ich dich liebe.

Was alles du von mir erwartest,
wenn meine Worte in dir lebendig sind:
Du wirst es bekommen.

Wenn du nur ein wenig begreifen würdest,
wie sehr ich dir nahe sein,
wie sehr ich dir helfen und
dein Leben leichter und froher machen möchte.

Zweifle doch nicht an meiner Liebe!

Wenn ich dir nicht jeden deiner Wünsche
sofort erfülle, so habe Geduld,
wie ich auch mit dir immer Geduld habe.

Allein ich weiß den Zeitpunkt.
Allein ich weiß, was dir guttut.

Wenn du wüßtest, wie sehr ich dich liebe.

Schenke mir dein Herz.
Aus Liebe zu dir bitte ich dich:
Schenke mir dein Herz!

Laß es durchströmen mit meinem heiligen Blut
und randvoll füllen mit meiner Liebe.

Damit kein Stolz und keine Eigensucht,
kein Neid und keine Sünde mehr darin Platz haben.

Versöhne dich mit denen,
die dir Unrecht taten.

Liebe alle deine Nächsten,
aber segne auch deine Widersacher.

Damit Frieden werde in der Welt.

Wenn du wüßtest,
wie sehr ich dich mit meiner Liebe erfüllen möchte.

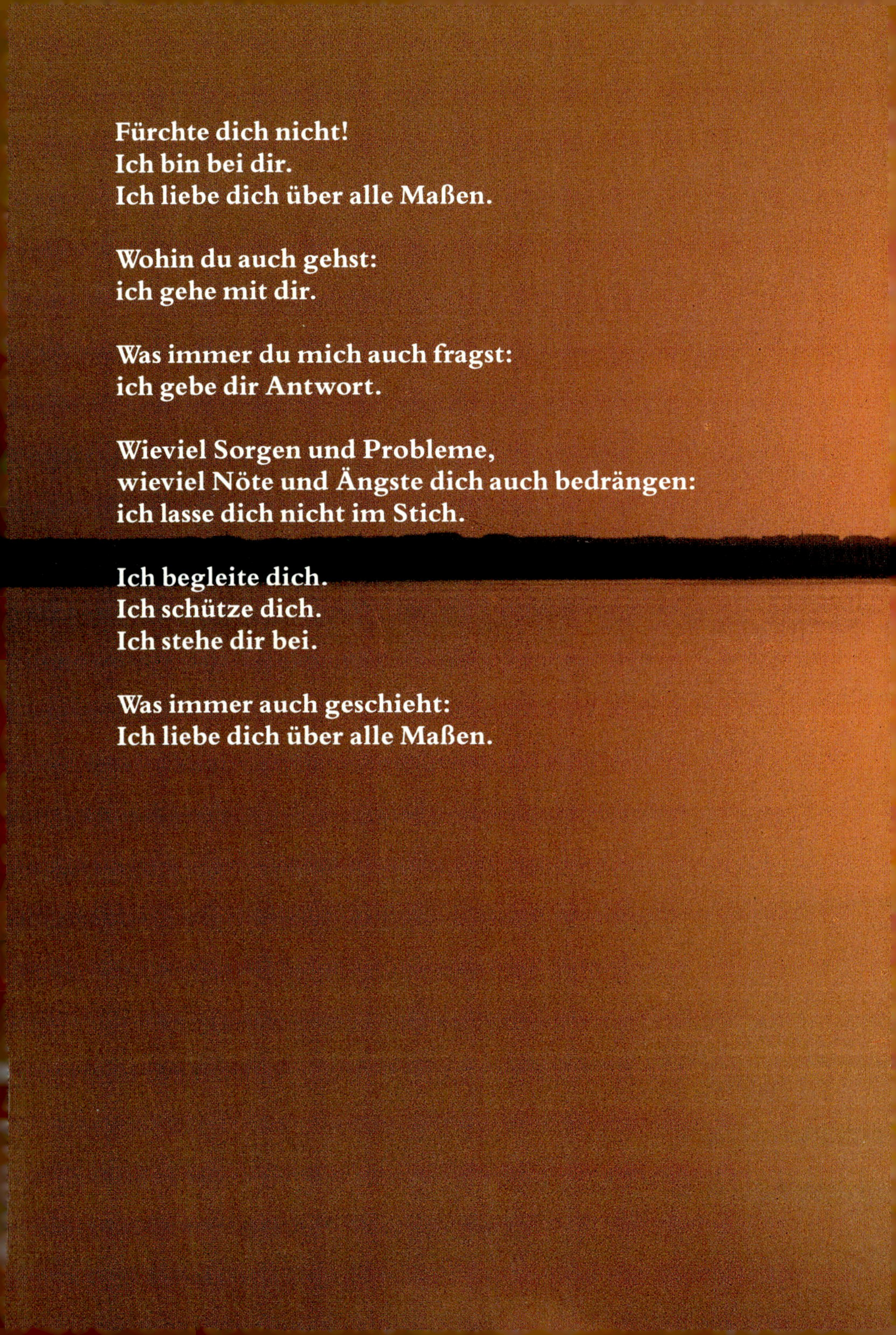

Fürchte dich nicht!
Ich bin bei dir.
Ich liebe dich über alle Maßen.

Wohin du auch gehst:
ich gehe mit dir.

Was immer du mich auch fragst:
ich gebe dir Antwort.

Wieviel Sorgen und Probleme,
wieviel Nöte und Ängste dich auch bedrängen:
ich lasse dich nicht im Stich.

Ich begleite dich.
Ich schütze dich.
Ich stehe dir bei.

Was immer auch geschieht:
Ich liebe dich über alle Maßen.

Weitere Bücher von Georg Popp

Georg Popp
Die Großen der Bibel

Georg Popp
Die Großen des Glaubens

Georg Popp
Laß dein Herz voll Freude sein
Gott schenkt Freude

Georg Popp
Lobpreis
Gebete aus der Bibel, die Mut und Kraft schenken

Georg Popp
Einander zum Segen werden
Vom Wert und Sinn meines Lebens
Vom Umgang miteinander
Vom Wachsen und Reifen in Geduld und Liebe

Georg Popp
Das Licht der Sonne sehen
Freude und Kraft aus den biblischen Weisheitsbüchern

Georg Popp
Der uns die Angst nimmt
Leben aus der Kraft des Heiligen Geistes

Georg Popp
Der uns trägt und führt
Von Gottes Größe, Liebe und Treue

QUELL VERLAG STUTTGART